The Skinny on venta directa

¡La manera más fácil de aprender!

"Este libro realiza un extraordinario servicio al público"...
Richard Blumenthal
Fiscal General del Estado de Connecticut

"He seguido la increíble serie de éxitos de Jimmy en las inversiones inmobiliarias durante veinte años."

Jeff Dunne, Vicepresidente,
CB Richard Ellis

www.theskinnyon.com

"No se dejen engañar por las figuras de palo ... Jim Randel les hará reir y pensar al mismo tiempo."
"¡Una lectura muy agradable!"

Ken Blanchard, autor
The One Minute Manager®

"Amo este libro. De hecho, ¡puede ahorrarle una fortuna!"

Gerri Detweiler, especialista en tarjetas de crédito nacionales

¡La manera más fácil de aprender!

"The Skinny on Success es una explicación divertida, reveladora y concisa de por qué algunas personas logran ... este libro es de lo mejor".

Jeffrey Kindler, Director General, Presidente, Pfizer

PRÓXIMAMENTE

www.theskinnyon.com

¡¡¡QUEREMOS QUE SEPA LO QUE LA GENTE DICE SOBRE LOS LIBROS SKINNY ON!!!

A continuación presentamos un ejemplo, parte de un artículo publicado en setiembre de 2009 en The Mercury News, respetado periódico de Silicon Valley.

The Mercury News

The Newspaper of Silicon Valley
MercuryNews.com

"Me enojo al pensar que en la mayoría de los libros de autoayuda y educación, a los escritores les pagan por palabra. En realidad, es algo peor que eso. A la mayoría les pagan por letra. Esto se refleja en palabras largas e inútiles, oraciones ridículamente complejas y página tras otra de tonterías. Entiende lo que quiero decir, ¿verdad? Libros de trescientas y cuatroscientas páginas que podrían haberse escrito mejor en 50.

No me sorprende que los estudiantes universitarios duermen hasta el mediodía. No se trata de sexo, drogas y rock and roll. ¡De ninguna manera! ¡Tienen que leer esta basura todos los días! Personalmente, prefiero leer el directorio telefónico.

No es así con la serie 'The Skinny On'. Estos libros adoptan una estrategia agresiva. Mediante una narración entretenida, los dibujos de figuras de palo y un diseño al estilo de revista de historietas, utilizan historias sencillas para transmitir con rapidez información valiosa.

Cada libro es como una clase en la universidad, sin el profesor antediluviano. ¡ESTUPENDO! Cada libro delgado, práctico y fascinante puede leerse en una hora aproximadamente. Y cada uno brinda el tipo de consejos que obtendría de un abuelo amable y con muchísima experiencia.

Muy recomendable. El autor, Jim Randel, ha creado una de las mejores y más interesantes series que he visto en mucho tiempo".

the skinny on™

venta directa

sus primeros 100 días

Jim Randel

ISBN: 978-0-9844418-0-8
E-Book ISBN: 978-0-9841393-6-1
Library of Congress: 2010901930

Ilustraciones: Malinda Nass
Rebecca Kunzmann

Para obtener más información, escribir a RAND Publishing, 265 Post Road West, Westport, CT, 06880, o llamar al teléfono (203) 226-8727.

The Skinny On™ están disponibles para regalos o promociones especiales. Para obtener más información, comunicarse con: Donna Hardy, llamar al teléfono (203) 222-6295, o bien visitar nuestro sitio web: www.theskinnyon.com

Impreso en los Estados Unidos de América

10 9 8 7 6 5 4 3 2
9 2 5 – 4 9 1 9

the skinny on™

Bienvenido a una nuw seris oe publicaciones titulada **The Skinny On™,** una serie de dibujos, diálogos y textos con el objetivo de brindar información de manera breve y amena.

En nuestra cultura, donde el tiempo es escaso y la información es excesiva, la mayoría de nosotros tenemos muy poco tiempo para leer y asimilar textos e investigaciones importantes sobre temas de nuestro interés. Por esa razón, nuestra comprensión tiende a ser superficial, sin alcanzar la profundidad de los líderes y maestros que han dedicado años a estudiar estos temas.

Esta serie tiene el objetivo de solucionar esta situación. Nuestro equipo de lectores e investigadores ha hecho una enorme tarea preparando estos libros para usted. Hemos leído todo lo que pudimos encontrar sobre el tema específico y hemos hablado con los especialistas del caso. Luego combinamos nuestras propias experiencias y volcamos lo que aprendimos en este pequeño libro para que usted se beneficie.

Nuestra meta es hacer la lectura en lugar de usted, extraer lo importante, volcar los puntos clave y presentarlos en un libro que sea a la vez instructivo y ameno.

Aunque el diseño es minimalista, tomamos nuestro mensaje con mucha seriedad. No confunda formato con contenido. El tiempo que usted invierta leyendo este libro lo compensará en una proporción muchísimo mayor.

INTRODUCCIÓN

Dado que este libro está en sus manos, supongo que ya decidió, o está pensando seriamente, lanzar su propio negocio de venta directa. ¡Felicitaciones! Usted está entrando al mundo de la empresa, donde los resultados tienen una relación directa con sus propios esfuerzos.

Como lo notará, el subtítulo de este libro es "sus primeros 100 días". Lo llamamos así porque ese es el período clave de su nueva iniciativa. En los primeros 100 días, muchas personas que se inician en la venta directa abandonan o se duermen (y nunca despiertan).

Este libro le explicará por qué, y le ayudará no solamente a transitar ese período, sino también a crear las bases del verdadero éxito de los años siguientes. Permítame aclarar sin rodeos que aunque en los libros de la serie **Skinny On** hemos aprendido sobre la venta directa con algunas de las personas más conocedoras de esa actividad, no trabajamos para el negocio de la venta directa. No nos patrocina ninguna empresa de venta directa. Nuestra meta es brindarle información y ayudarle a desarrollar el máximo de su potencial.

Simplemente dedique alrededor de una hora de su tiempo para seguir la historia del héroe y la heroína, Guillermo y Elizabeth. Guillermo es el sostén de la familia y, aunque Elizabeth trabaja a tiempo parcial, él es quien toma las decisiones financieras del hogar. Esto está a punto de cambiar.

> En las siguientes páginas, las mujeres tienen un papel protagónico. Ello se debe a que la mayoría de las personas que se dedican a la venta directa son mujeres (85%), aunque sabemos que cada vez más hombres están entrando a este negocio.

"Hay una inmensa cantidad de oportunidades financieras a disposición de quienes las buscan y están receptivos a hacer algo un poco diferente. Hay numerosas empresas de tiempo parcial y basadas en el hogar... divertidas, fáciles y requieren apenas unas horas por semana. Además, muchas de ellas necesitan muy poco efectivo inicial para ingresar y ninguna experiencia previa.

"¿Dónde está la trampa? ... Como suele suceder, el miedo y la preocupación son los mayores ladrones de sueños".

Don't Worry, Make Money, Richard Carlson

¡Hola! Me llamo Jim Randel y soy su moderador. A veces voy a entrar y salir de la historia (tanto, que casi voy a ser molesto... **¡espero!**).

LE PRESENTO A GUILLERMO Y ELIZABETH. SE CASARON HACE DOCE AÑOS. TIENEN DOS HIJOS, UN HIJO DE 10 AÑOS DE EDAD, Y UNA HIJA DE OCHO. GUILLERMO ES CONTADOR Y EL SOSTÉN DE LA FAMILIA. ELIZABETH TRABAJA A TIEMPO PARCIAL EN UNA JOYERÍA. ELLA NO GANA MUCHO DINERO.
2

"Perdón, Elizabeth, debo reducirte las horas de trabajo. Últimamente no se vende mucho".
Obvio que no... Nuestros productos no son muy buenos, y usted no le presta mucha atención a la joyería.
3

ELIZABETH ESTÁ EN UN MOMENTO CLAVE DE SU VIDA. TIENE UNA JEFA QUE, FRANCAMENTE, NO RESPETA. LE PARECE QUE PODRÍA MEJORAR SU SITUACIÓN, PERO NO TIENE CAPITAL NI CONOCIMIENTOS PARA ABRIR SU PROPIA TIENDA.

4

JUANA, UNA AMIGA DE ELIZABETH, LE HABLÓ VARIAS VECES DE LA VENTA DIRECTA. ELIZABETH LO ESTÁ PENSANDO SERIAMENTE, PORQUE LE GUSTA LA IDEA DE CONTROLAR SU PROPIO DESTINO. ¡ELIZABETH ESTÁ PENSANDO EN CONVERTIRSE EN EMPRESARIA!

5

EMPRESARIO

(del francés, entreprendre, que significa "persona que emprende")

"Persona que asume la organización, la administración y los riesgos de una empresa".

6

Voy a revelar una tendencia que tengo. Toda mi vida fui empresario y me gusta la gente empresaria. Los empresarios son responsables de su propio destino. Si las cosas no les salen bien, solo pueden culpar a la persona que ven en el espejo. A algunas personas, eso les da miedo, pero a otras, les encanta.

Ser empresario no tiene que ver con estudiar más. Tiene que ver con:

1. Decisión
2. Ética de trabajo
3. Pasión
4. Querer ser su propio jefe
5. Querer tener la gratificación que corresponda a los esfuerzos propios
6. Tenacidad y perseverancia

7

Elizabeth está pensando en abrir su propio negocio:

ELIZABETH, INC.

Ya no podrá echarle la culpa de su sueldo a su jefa de la joyería. Al mismo tiempo, ya no tendrá un salario. Sus ingresos dependerán directamente de su esfuerzo.

No hay garantías para un empresario. Sin embargo, para la mayoría de ellos, el gráfico de sus ingresos es como este:

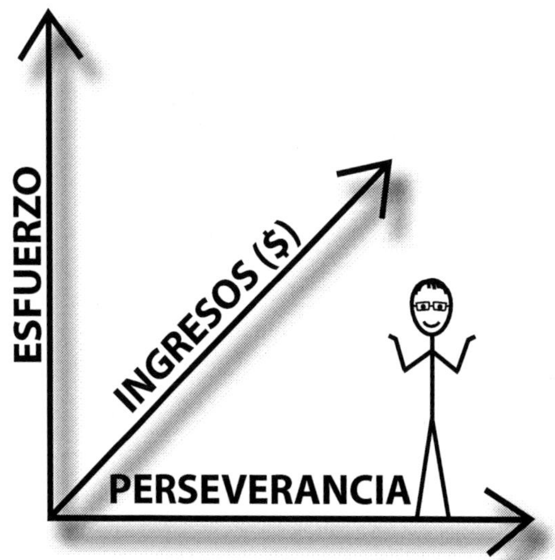

Dado que usted tiene este libro en las manos, también usted está pensando en abrir su propio negocio:

USTED, INC.

Una de las metas de este libro es ayudar a que USTED, INC. tenga todo el éxito posible.

ADVERTENCIA

1. Ser empresario NO es para cualquiera. Ser empresario significa ser PREVISOR, no REACTIVO. En otras palabras, un empresario debe levantarse cada día con la intención de alcanzar sus objetivos. Esto es muy diferente de trabajar para otra persona que nos dice exactamente qué hacer... y de REACCIONAR a las instrucciones y exigencias de otros.

2. Hay muchas formas de ser empresario. Algunas personas lo son todo el tiempo y trabajan cada hora libre que tienen. Otros adaptan sus actividades empresariales a sus obligaciones y compromisos. No hay una única manera. El éxito o fracaso de USTED, INC. dependen de la energía y del compromiso que usted invierta en su negocio.

VOLVAMOS CON GUILLERMO Y ELIZABETH.

12

"¡Qué bien,
querida!".
"Eso significaría que
algunas tardes no
estaré en casa y, a
veces, tendré eventos
de fin de semana".
14

"¡Qué bien,
querida!".
"¿Supiste que un
auto atropelló al
perro del vecino?".
15

"Por supuesto, querida...
Si te parece bien".
16

"¡¿ME ESTÁS ESCUCHANDO?!".
17

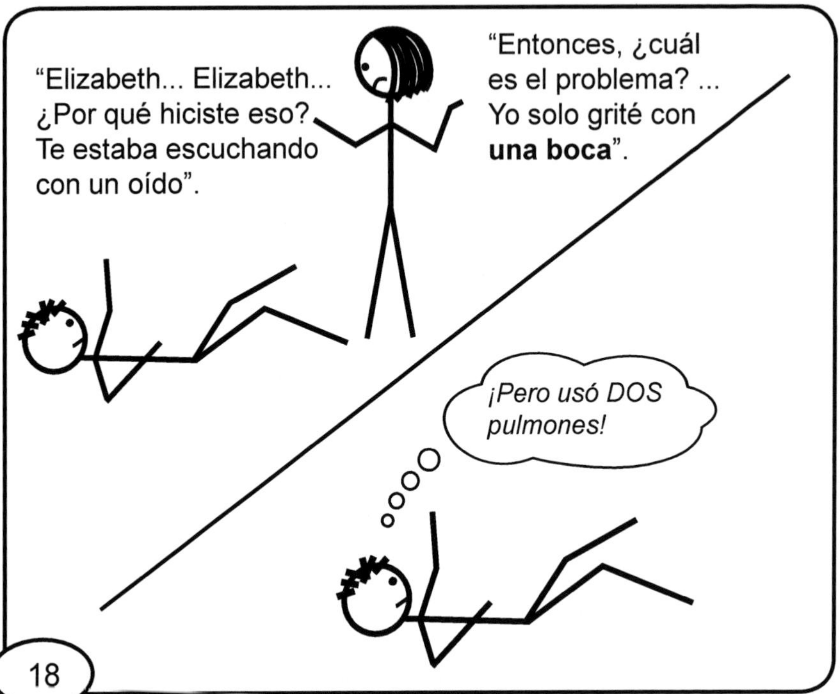

18

Un muy buen libro que explica los diferentes estilos de comunicación de hombres y mujeres es **Men are from Mars, Women are from Venus,** de John Gray (Penguin, 2000).

19

En la serie de libros **The Skinny On** sabemos que en la actualidad un 15% de todos los vendedores directos nuevos son hombres. Simplemente sucede que las mujeres tienden, de hecho, a escuchar cuando los hombres hablan.

Por otro lado, Elizabeth no fue exactamente sincera con Guillermo. Ya se había comprometido con una empresa de venta directa y había comprado un kit inicial. Pronto estará vendiendo.

Como en toda nueva empresa, el período inicial será decisivo para su permanencia o desaparición. Como período crítico, hemos elegido los primeros 100 días del ingreso a la venta directa. Lo que suceda en ese período tendrá muchísima importancia no solo en el éxito o el fracaso de USTED, INC., sino también en el nivel que USTED, INC. alcance en el largo plazo.

En nuestra investigación para este libro, hablamos con muchos vendedores directos que no solo sobrevivieron a sus primeros 100 días, sino que también usaron ese período para crear las bases de una carrera importante y exitosa en el largo plazo.

Descubrimos qué funciona y qué no. Hablamos con ellos de las técnicas y de la actitud. Analizamos las presiones e incertidumbres que enfrenta un vendedor nuevo. Intentamos identificar los pasos que un vendedor nuevo debe dar para llevar al máximo sus perspectivas de éxito.

"Guillermo, ¿cómo se llama el jardinero?"

"Se llama Guillermo".

"¿Guillermo?"
"Sí. Y está sentado aquí, desayunando contigo... ¿Por qué lo preguntas?"
24

"¿No contratamos un jardinero el año pasado?"
"Sí, pero este año decidí hacer ese trabajo yo mismo. Las cosas están un poco difíciles y puedo hacer tan buen trabajo como él".
25

"¿Puedes, de verdad?"
"Sí, Elizabeth, y no prestaré atención a tu mirada de preocupación... ¡El jardín estará muy bien!"
26

"Pero, ¿por qué quieres saber cómo se llama el jardinero?"
"Guillermo, es una broma".
27

"¿Recuerdas cuando te dije que pensaba trabajar en la venta directa?"
"¿Esa vez que me dejaste zumbando los oídos durante dos días?"
28

"La cosa es que me decidí y pedí un kit inicial".
"Pero pensé que te gustaba tu trabajo en la joyería... ¿Y qué es la venta directa, después de todo? ¿Y qué tiene que ver con el jardín?"
29

"Venta directa significa que yo promociono y vendo productos directamente a personas que conozco y encuentro. No necesito trabajar en una tienda. Ni trabajar para otra persona. Puedo elegir mis horarios y no me pagan por hora".
"Sí. Y no cobras un cheque todas las semanas. Ni tienes un escaparate para que la gente vea tus productos. Ni tampoco termina tu día de trabajo cuando cierras la tienda. ¿Y los niños? ¿Y yo?"
30

"Guillermo, pensé mucho en todo esto. Conozco las desventajas. Pero los niños ya no necesitan tanto de mi atención, y me gustaría empezar a ganar dinero de verdad. Es difícil vivir con un salario mínimo".
"Pero a mí me va BIEN, Elizabeth. No necesitamos dinero extra".
31

La historia de cada vendedor es única; quizás usted tenga razones similares a las de Elizabeth para empezar a trabajar en la venta directa. Aunque Guillermo dice que su familia no necesita "dinero extra", a Elizabeth le encantaría aportar el dinero para unas vacaciones en familia, un viaje que Guillermo no cree poder pagar este año.

Incluso si sus familias no necesitan dinero extra, muchos vendedores directos ingresan al negocio para tener ingresos propios, independientemente del cónyuge.

Según la información que recibimos, las tres razones más frecuentes para ingresar al mundo de la venta directa son:

1. Ganar dinero **propio:** una mayoría de vendedores directos son mujeres que empiezan a trabajar (o vuelven a trabajar) para tener una fuente de ingresos que no dependa del cónyuge.

2. Poder **estructurar** el día de la forma más conveniente: trabajar en el horario que se puede y se quiere. Especialmente para Elizabeth, como madre que trabaja afuera, la flexibilidad de la venta directa es muy importante.

3. Poder **involucrarse** en una comunidad: todos queremos sentir que pertenecemos a un lugar... ser parte de una organización de venta directa puede significar tener una "familia" ampliada.

Cuál haya sido su razón específica para entrar al mundo de la venta directa en realidad no es tan importante como **recordar esa razón en todo momento**. Los siguientes 100 días no serán fáciles. Es posible que lo pongan a prueba, lo desafíen... o que se sienta solo y frustrado. Es algo natural cuando comenzamos algo nuevo y nos impulsamos para avanzar más allá de nuestra zona de comodidad.

Una forma de resistir y de no desanimarse es recordar POR QUÉ está haciendo lo que está haciendo.

Incluso sugerimos, ante todo, escribir y leer, y volver a leer, todos los días la razón por la cual ingresó al mundo de la venta directa.

Una vendedora escribió esto, que siempre lleva en su bolso y lee cada mañana:

QUIERO TENER UNA FUENTE DE DINERO QUE DEPENDA SOLO DE MIS ESFUERZOS. QUIERO PODER AYUDAR A LOS SERES QUE AMO SI ME NECESITAN. QUIERO SER MI PROPIO JEFE Y VER LOS BENEFICIOS DIRECTOS DE MIS ESFUERZOS.

Al tener siempre presente exactamente **POR QUÉ** usted asume el desafío de ser empresario, es menos probable que vacile. Los seres humanos tienen una enorme capacidad de superar hasta las expectativas optimistas **cuando sus objetivos son para ellos verdaderamente importantes.** Si cada día recuerda **por qué** está haciendo lo que está haciendo, usted refuerza su impulso y mejora las oportunidades de alcanzar (o superar) sus metas.

NUESTRA SUGERENCIA

Los especialistas sugieren que pensar en su propio PORQUÉ es mucho más profundo que pensar solamente en dinero adicional. ¿Qué hará con ese dinero?

¿Costear unas vacaciones en familia, como Elizabeth desea? ¿Empezar a ahorrar para la universidad? ¿Ayudar a sus padres ancianos? ¿Darse con el gusto de viajar?

El dinero es algo fantástico, por supuesto, pero lo que realmente mantiene a las personas mentalizadas y en acción es POR QUÉ desean el dinero... ¡y cómo piensan usarlo para vivir mejor!

FIJARSE METAS

No todas las personas exitosas se fijan metas. Algunas no definen objetivos específicos, sino que tienen presente una visión global y dan lo mejor de sí día a día. Otras se fijan metas muy específicas, a veces semana a semana.

Hemos escuchado todas las ventajas y desventajas de fijarse metas. Nuestro consejo, dado que usted es un empresario nuevo, es que **se fije metas,** metas progresivas y realistas cada mes de sus primeros 100 días. Estas son algunas sugerencias:

Metas del primer mes: "(A) conocer perfectamente mi producto; (B) estudiar el material de capacitación de mi empresa, y participar en todos los seminarios presenciales, seminarios por Internet y sesiones de capacitación que me dé mi empresa; (C) practicar mi presentación para posibles clientes (preferentemente, frente a un espejo) no menos de cinco veces; (D) en una hoja de cálculo (a nosotros nos gustan las de Excel), hacer una lista detallada de todas las personas con las que tengo la intención de comunicarme en mis primeros 100 días, e incluir información de contacto, posibles respuestas, seguimiento, etc.; E) organizar una fiesta o un evento de lanzamiento para amigos y familiares".

Metas del segundo mes: "(A) hacer el seguimiento de todas las personas que asistan a mi fiesta o evento de lanzamiento, y pedirles que me hagan sugerencias constructivas, que reserven citas y me proporcionen contactos; (B) explorar el marketing y la publicidad en periódicos locales y en Internet, pegar volantes y probar otras ideas de promoción; (C) leer todo lo posible sobre la identificación y gestión de posibles clientes, y sobre la creación de redes de contactos; (D) reservar todas las reuniones o fiestas posibles, pero no menos de las sugeridas en el material de capacitación de mi empresa; (E) alcanzar la cantidad de ventas sugeridas en el manual de mi empresa o en el kit inicial, y aspirar a niveles premiados con incentivos".

Metas del tercer mes: "(A) hacer el seguimiento de todas las personas a quienes les vendí, y asegurarme de que reciban el producto y de que estén satisfechas con él; (B) actualizar mi hoja de cálculo con nombres nuevos y con fechas de seguimiento para mis clientes; (C) pedir a los clientes satisfechos que me proporcionen contactos; (D) comunicarme con 10 de los contactos que me proporcionaron; (E) alcanzar la cantidad de ventas de los niveles premiados con incentivo mencionada en el manual o en el kit inicial para el tercer mes".

Estas metas son arbitrarias, por supuesto. La idea es identificar objetivos específicos que deben lograrse en plazos específicos. Ese proceso (y luego, concentrarse constantemente en metas mensuales) será en sí un gran paso para progresar en sus primeros 100 días.

39

A propósito, un muy buen libro que tiene muchas ideas para fijar metas y prioridades es:

Eat That Frog!, Brian Tracy
(Berrett-Koehler, 2007)

40

LISTAS DE TAREAS

Creemos firmemente en la eficacia de las listas de tareas. Algunas personas las llaman listas de "logros", para destacar que cada elemento que uno va marcando en la lista lo acerca a **lograr** las metas.

Las listas de tareas son simplemente una forma de estar siempre organizado. Le sugerimos que haga la lista la noche anterior o a la mañana temprano, a fin de que sepa exactamente qué desea lograr cada día.

"Todo ejecutivo eficiente trabaja a partir de una lista diaria. Es la herramienta más poderosa jamás descubierta para la máxima productividad.

Para hacer una lista diaria, primero se escribe cada tarea que se desea realizar durante ese día. La regla es que el primer día que use la lista, aumentará el 25 por ciento de eficiencia. Eso significa que tendrá dos horas extra de tiempo productivo en un día de ocho horas... Con una lista, puede pasar del caos al orden más rápidamente que con cualquier otra herramienta de administración del tiempo".

Time Power: A Proven System for Getting More Done,
Brian Tracy

VOLVAMOS CON GUILLERMO Y ELIZABETH

43

"Pero casi no
sabes nada de él".
"Es verdad, Guillermo,
pero aprendí que cada
persona que conozco es un
cliente potencial... o puede
proporcionarme contactos...
o algún día incluso puede
llegar a ser parte de mi
organización".
45

"¿Tu organización?".
"Guillermo, me estoy
adelantando, pero un día
quizás otras personas trabajen
para mí... y compartan sus
ingresos por ventas conmigo".
46

Suena bien, pero….
47

"Y después querrás saber el número de teléfono del instructor del club de golf".
"No es necesario, Guillermo. Ya lo tengo en esta hoja de cálculo".
48

"Guillermo, este año no tendremos vacaciones en familia. Entiendo que vivimos tiempos difíciles. Si puedo contribuir a nuestros ingresos y a que hagamos un viaje, me sentiría muy bien conmigo misma".
"¡Dios mío!... ¿Realmente lo tomas en serio?".
49

"Pero, Elizabeth, ya tienes una gran responsabilidad con la familia. Conmigo y con los niños".
"Y voy a hacer todo mi esfuerzo para seguir con todo..., pero es hora de que haga algo más".
50

Quizás usted ya habló con aquellas personas que tal vez reciban el impacto de su ingreso a la venta directa. Quizás algunas le den su apoyo y otras no estén de acuerdo.

Los próximos 100 días pueden ser algo difíciles, así que si no tuvo esta conversación, ¡ya es hora! Los especialistas repiten una y otra vez que el apoyo de la familia y de los amigos del vendedor es un factor de éxito en la venta directa.

Recuerde explicarles por qué va a hacer esto y cuánto significa para usted. Y pídales apoyo y ayuda.

HOJAS DE CÁLCULO

Como ya se mencionó, Elizabeth anota en una hoja de cálculo a todas las personas conocidas que podrían llegar a comprarle productos o recomendarle clientes.

Es el momento de ser creativos. Haga una lista de cada persona que conozca. En primer lugar, los amigos y familiares, por supuesto. Pero luego debe expandir la lista (como los círculos concéntricos de una piedra que cae en el agua). Conocidos. Personas que le venden servicios o productos al por menor. Personas que conoció en los eventos deportivos infantiles o juveniles, en la iglesia, en la escuela. Todas estas personas son candidatas a comprarle productos.

OBSERVEMOS LA HOJA DE CÁLCULO DE ELIZABETH

53

POSIBLES CLIENTES

Name	John Jones	Cara Yelti
Address	57 Glenbrook St, Anytown USA	42 Roundlake Rd, Anytc
Home Phone	203-555-5501	914-555-7388
Cell Phone	203-555-7306	914-555-2219
Email	jjones@email.com	cyelti@email.com
How I know this person	Aimee's Friend	Dad's Neighbor
Date of 1st Contact	8/13	8/15
Summary of Conversation		Interested in hearing more
If Sold, Quantity		8 Sold
Need for Refill	N/A	N/A
Other Follow Up		
Date of Follow Up	9/13	8/31
Referred By	N/A	N/A
Referred Me To	Sara Sibeto	
Date "Thank You" Sent	8/20	

54

El objetivo de la hoja de cálculo de Elizabeth es ayudarla a registrar a todas las personas con las que habla y con las que hablará.

También resume las conversaciones: si hizo una venta, por qué no hizo una venta, posible seguimiento adecuado, etc. Esta hoja de cálculo es clave para el éxito de ELIZABETH, INC.

Quizás usted dude si debe hacer una lista de todas las personas que conoce. Tal vez no esté seguro de comunicarse con personas como su jardinero. O con alguien a quien conoció informalmente en un evento deportivo infantil o juvenil.

Llegó el momento de revelarle un dato muy importante sobre el éxito en la venta directa.

SI USTED CREE EN SU PRODUCTO, DEBE GUSTARLE OFRECERLO A LAS PERSONAS

57

Tal vez lo que más distinga a los buenos vendedores sea que cuando se acercan a las personas no sienten angustia ni culpa.

Los buenos vendedores creen en el valor de sus productos y cuando los ofrecen a otras personas, sienten que dan a conocer algo interesante y valioso (como cuando recomendamos un gran libro o una gran película a un amigo). Además, los mejores vendedores directos actúan con el convencimiento de que cuando ofrecen una venta directa, le ahorran a la otra persona el trabajo de buscar un producto comparable en una tienda o en Internet (y de ese modo, le facilitan la vida).

58

Los buenos vendedores saben que no todo individuo es comprador. No se sienten agredidos cuando una persona les dice “NO”. Vuelven a ofrecerle la venta más adelante, y saben que, en gran medida, las ventas son una lotería.

Al principio, es posible que le respondan 10 veces “NO” por cada “SÍ”. A medida que mejora su mensaje y comunicación (el modo de involucrar a sus posibles clientes), y mejora en la creación de listas objetivo de personas con quienes comunicarse (las que tienen más probabilidad de comprar), posiblemente escuche 7 veces “NO” por cada “SÍ”. Pero es probable que siempre escuche más veces “NO” que “SÍ”.

59

Permítame repetir: las ventas son una lotería. Mientras más personas contacte, más probabilidades tiene de hacer una venta.

Por supuesto que su comunicación es importante. Y que entender cómo vender es clave. Pero no deje de acercarse a las personas por creer que no es un vendedor natural. En su mayoría, los buenos vendedores son simplemente aquellos que hablan con más gente. Los vendedores experimentados convierten más posibles clientes que un novato, pero en general su habilidad es la de acumular nombres, crear relaciones y conseguir contactos.

60

Un especialista nos dijo un simpático (pero profundo) refrán:

"Hay solamente tres tipos de NO:

1. ***No**, no ahora*
2. ***No**, nunca*
3. *Yo **No,** pero conozco a alguien a quien podría interesarle".*

Es un hecho que, en ventas, los "NOES" son una realidad. Acostúmbrese a ellos.

Muchos instructores de venta intentan enseñar que se debe buscar toda forma posible de convertir un NO en un SÍ. Nosotros opinamos diferente. No hay nada peor que un vendedor que no acepta un NO como respuesta.

Respete a la persona con quien habla. Es posible que no pueda comprar. O, simplemente, que no necesite su producto.

Si trata a todo posible cliente con respeto, se gana su confianza, y nunca sabe cuándo esa persona podría (por sí misma) cambiar de opinión... o enviarle clientes.

El proceso de venta también tiene un ritmo propio. En sus primeros 100 días, es posible que sienta la presión de hacer ventas de inmediato, y quizás pueda venderle a sus amigos y familiares. Pero nunca podrá sostener una empresa vendiéndole solo a ellos.

Con el tiempo, querrá venderle a personas a quien conoció solo informalmente... o a quienes acaba de conocer.

EL RITMO DE UNA VENTA

El mayor error que un vendedor nuevo comete es dejar que en una conversación de venta se cuele la actitud de que DEBE hacer la venta en el primer encuentro.

Los vendedores inexpertos sienten ansiedad de triunfar (como la mayoría de nosotros) y por esa razón ejercen presión, con la esperanza de hacer la venta en el primer intento. A veces, lo logran, PERO generalmente una venta necesita más de un contacto con el posible comprador.

Especialmente cuando no conoce a la otra persona, el proceso de venta necesita lo que llamamos "etapas de conversión"... argumentos que debe establecer para hacer que un posible cliente llegue a ser un cliente dispuesto.

ESTAS SON LAS ETAPAS DE CONVERSIÓN

1. **CREAR UNA BUENA RELACIÓN CON EL POSIBLE CLIENTE**

2. **HACER QUE EL POSIBLE CLIENTE SE SIENTA CÓMODO CON EL PRODUCTO**

3. **AYUDARLO A VER LAS RAZONES PARA COMPRAR EL PRODUCTO**

4. **LOGRAR QUE EL POSIBLE CLIENTE VEA LOS BENEFICIOS DE COMPRAR EL PRODUCTO AHORA**

No hará una venta hasta que haya logrado todas las etapas mencionadas. Y hay un aspecto clave:

A menudo se necesita tiempo para convertir un posible cliente en cada una de las cuatro etapas.

Una forma de entender la venta es verse a uno mismo como comprador.

Imagine que alguien le pide una cita para informarle sobre un nuevo producto que vende. Casi no conoce a la persona, pero decide escucharla por cortesía.

1. Tiene un poco de desconfianza: todos estamos algo incómodos con una persona que no conocemos.
2. Independientemente de lo que sea, usted duda un poco del producto.
3. Aunque esté convencido de que la persona y el producto son legítimos, no está seguro de que el producto sea para usted.
4. Y, finalmente, si decide probarlo, es posible que postergue o demore la decisión.

Si esto describe bien su posible reacción ante una persona que desea venderle algo, puede entender la importancia de nuestras ETAPAS DE CONVERSIÓN. Para convertir a un posible cliente en un comprador, debe abordarse cada una de las etapas previas a la compra concreta (si es que compra).

¡Y lograr estas conversiones PUEDE LLEVAR TIEMPO!

Cada persona es diferente, por supuesto, pero para la mayoría de las personas pasa un tiempo entre la primera vez que encuentran un producto o se enteran de él, y el momento en el que deciden cómo se sienten con el vendedor y con el producto.

¿Sabía que según los buenos comerciantes, la mayoría de los compradores necesitan SIETE IMPRESIONES antes de probar un nuevo producto o marca? En otras palabras, deben ver SIETE avisos publicitarios o escuchar que SIETE personas comenten el producto, o ver algo del producto SIETE veces antes de probarlo.

Cada impresión es un paso gradual hacia el logro de nuestras ETAPAS DE CONVERSIÓN.

71

LA CLAVE ES QUE LA MAYORÍA DE LAS PERSONAS SE HACEN CLIENTES EN FORMA GRADUAL. POR ESA RAZÓN, NO DEBE IMPACIENTARSE NI DESALENTARSE SI NO HACE UNA VENTA EN EL PRIMER INTENTO (EN LA MAYORÍA DE LAS SITUACIONES, NO LO LOGRARÁ).

UNA DE LAS RAZONES POR LAS QUE LAS PERSONAS SE DESALIENTAN DURANTE LOS PRIMEROS 100 DÍAS DE SU CARRERA DE VENTA DIRECTA ES QUE NO ENTIENDEN ESTE ASPECTO.

AHORA, USTED LO ENTIENDE, POR LO CUAL YA SACÓ VENTAJA A LA MAYORÍA DE LOS PRINCIPIANTES DEL SECTOR.

¡FELICITACIONES!

72

"Los buenos vendedores entienden que el proceso de venta necesita tiempo. Saben que no toda persona es compradora, pero como nunca se sabe quién lo es y quién no, debe tratarse a cada posible cliente con la misma cortesía y decisión de hacer una venta.

"Cuando se recibe un 'no', se intenta convertirlo en un 'tal vez'. Cuando recibe un 'tal vez', se intenta convertirlo en un 'llámeme en otro momento'. Cuando recibe un 'llámeme en otro momento', se intenta convertirlo en una fecha específica. Cuando se logra una fecha específica, se intenta convertirla en un evento de venta concreta, en el cual el posible cliente finalmente ve el beneficio de adquirir el producto. Y así sucesivamente".

"A menudo, la venta es como armar un rompecabezas. Después de colocar con esfuerzo una pieza tras otra, finalmente se arma una hermosa imagen".

Jim Randel, fundador de la serie de libros **The Skinny On**

73

"¿Sabes qué, Guillermo? La ventas son como armar un rompecabezas".

"¿Porque lleva tiempo, te frustras, te preguntas por qué compraste el tonto rompecabezas y tu perro se come las piezas que caen al suelo?"

74

RESUMAMOS LO QUE APRENDIMOS HASTA AHORA:

1. **LAS VENTAS SON UNA LOTERÍA. LA MAYORÍA DE LAS PERSONAS DICEN "NO" POR LO MENOS AL PRINCIPIO.**

2. **PARA TENER ÉXITO EN VENTAS, SE DEBE HABLAR CON MUCHAS PERSONAS. ESO SIGNIFICA QUE NO SE DEBE DUDAR EN ACERCARSE A LAS PERSONAS QUE SE CONOCEN POCO O NADA. SI SE CREE EN EL PRODUCTO, OFRECÉRSELOS ES BRINDARLES UN SERVICIO.**

3. **LAS VENTAS LLEVAN TIEMPO. A FIN DE CONVERTIR A UN POSIBLE CLIENTE EN COMPRADOR, SE DEBE ATRAVESAR CADA UNA DE LAS CUATRO ETAPAS DE CONVERSIÓN.**

Hemos aprendido mucho hasta ahora, y usted ya está un 90% adelantado con respecto a los novatos. ¡Muy bien!

Hagamos una pequeña pausa antes de pasar a la próxima lección... ¿Quiere escuchar una broma sobre vendedores?

Tomaré su silencio como un “SÍ” (¡¿se da cuenta de cómo funciona esto de las ventas?!).

77

Bueno, dos vendedoras trabajan para la misma empresa de zapatos. La empresa decide avanzar hacia nuevos territorios, y envía a las vendedoras a una isla de la Polinesia donde nunca antes vendió zapatos.

La primera vendedora regresa después de un día:

—¿Están locos? —dice—. Nunca venderemos zapatos en ese lugar. Allí las personas no usan zapatos.

La segunda vendedora regresa después de un día:

—Nos va a ir muy bien en ese lugar.
¡Allí nadie tiene zapatos!

¿Buena, no?

78

Quizás no sea muy graciosa, pero tiene sentido. Los buenos vendedores ven oportunidades en muchos lugares diferentes. Por ello es tan importante que comience sus primeros 100 días haciendo una lista de todas las personas que haya conocido. Nunca sabe quién será o le indicará un posible cliente de su producto.

El tema de la broma de los zapatos es que cualquier persona que en este momento no esté usando su producto posiblemente se lo compre a usted.

Estos son algunos consejos para encontrar posibles clientes:

1. Únase a clubes, asociaciones y organizaciones, a fin de conocer personas.
2. Organice fiestas, eventos o reuniones, a fin de presentarse usted y presentar su nueva empresa a otras personas.
3. Use insignias, distintivos u otros elementos visibles que identifiquen su actividad; es posible que le pregunten qué significa, lo cual, es, por supuesto, un excelente inicio de conversación.
4. Regale objetos que tengan su nombre y su producto, como almohadillas o lapiceras, que pueda entregar a las personas que encuentra.
5. Involucre a las personas: nunca se sabe quién está junto a usted en la cola del supermercado. Respete la privacidad de los demás, pero no tiene nada de malo sonreír y saludar. Nunca se sabe qué puede pasar después.

"Es importante reconocer que cada persona es un cliente...".

The One Minute Entrepreneur
Blanchard, Hutson y Willis

¿CÓMO MEDIR SU ÉXITO DEL DÍA 1 AL 100?

¡NO POR LAS VENTAS!

Es necesario medir en forma realista el éxito en su primeros 100 días. Lo que más nos interesa es la base que está creando para las ventas futuras.

Estas son algunas formas que sugerimos para medir su éxito en sus primeros 100 días:

1. Conocimiento de su producto.
2. Desenvoltura y comodidad en una presentación a un posible cliente.
3. El desarrollo de una hoja de cálculo y otras herramientas para facilitar el crecimiento de su empresa.
4. La cantidad de nombres incluidos en la hoja de cálculo.
5. La creación de estrategias para conocer gente.
6. Las medidas que tomó para mejorar sus aptitudes, por ejemplo, conseguir libros sobre ventas o inscribirse en seminarios o talleres.
7. La cantidad de asociaciones a las que se unió para conocer gente, y las otras oportunidades para crear redes de contactos que generó para usted.
8. La organización de fiestas de lanzamiento, o la coordinación de eventos o reuniones personalizadas para presentarse usted y presentar su producto.
9. La cantidad de veces que una persona dijo “puede llamarme en un mes”, lo cual abre una puerta para una venta.
10. El conjunto de aptitudes que adquiere para facilitar su evolución como empresario; la implementación de sistemas para manejar el crecimiento de su empresa.

En sus primeros 100 días, usted crea las bases para una casa estupenda. Una hermosa casa con todo, exactamente como usted lo desea. Pero, antes de decorarla y de disfrutarla, debe cavar los cimientos, ensuciarse y llenarse de polvo, y, ocasionalmente, chocar contra una roca al crear el espacio para sus cimientos.

En sus primeros 100 días, habrá contratiempos. Incluso habrá algunos "fracasos", por ejemplo, cuando alguien responde "no me interesa, ni ahora ni nunca". No importa. Es algo natural de los primeros pasos de un empresario.

Como decía Winston Churchill:

"El éxito es la habilidad de ir de fracaso en fracaso sin perder entusiasmo".

Ahora nos gustaría presentarle un área MUY importante para el éxito en la venta directa:

CONTACTOS

Como recordará, la primera etapa de conversión es que un posible cliente se sienta cómodo con usted como persona. Cuando nos encontramos con una persona por primera vez, es inevitable sentirnos algo cautelosos. Simplemente es la naturaleza humana y parte del instinto de supervivencia.

La mejor manera de neutralizar esta cautela normal es que otra persona nos presente. De eso se tratan los contactos.

Los buenos vendedores desarrollan una gran habilidad para conseguir contactos. Este es un ejemplo de una conversación de ventas que Sandra (nuestra vendedora amiga) mantiene con una conocida (Susana).

88

OBSERVE QUÉ PASA DESPUÉS

89

"Susana, ¿te gusta lo que vendemos? ¿Te parece valioso?"
"Sí, Sandra, solo que no es para mí".
90

"Entiendo… ¿Podrías recomendarme a algún conocido a quien podría interesarle nuestro producto?"
"Mmm... No la conozco muy bien, pero a mi vecina podría interesarle".
91

COMENTARIO: EL MIEDO A SER AGRESIVO

Sandra hizo muy bien al pedirle contactos a Susana.

Muchos vendedores nuevos dudan en pedir lo que desean. Por supuesto, primero intente vender. Si no funciona, pida contactos.

Algunos vendedores tienen miedo a ser agresivos. Y esto tiene su ironía:

Las personas que temen ser agresivas, generalmente no lo son. Estas personas son sensibles a los demás, y por ello rara vez cruzan la línea entre lo firme (que es bueno) y lo agresivo (que es malo).

Un especialista sugiere que se debe ser "gentilmente firme" y que si no pide lo que desea (una venta o un contacto), "decide en lugar de la persona con la que habla, y supone que la respuesta es NO cuando podría ser un SÍ".

ESE CORTO INTERCAMBIO ES MUY IMPORTANTE. SUSANA NO ERA COMPRADORA, Y SANDRA NO LA PRESIONÓ. AL MISMO TIEMPO, SANDRA TIENE LA OPORTUNIDAD DE LLAMARLA EN UNOS MESES Y, POR SUPUESTO, INGRESARÁ DE INMEDIATO ESA INFORMACIÓN EN SU HOJA DE CÁLCULO.

LO MÁS IMPORTANTE, SIN EMBARGO, FUE QUE SUSANA LE DIO A SANDRA EL NOMBRE DE OTRA PERSONA Y EL PERMISO PARA DECIR QUE ES "AMIGA DE SUSANA".

Debido a que ahora puede mencionar su relación con Susana cuando establezca contacto con Juana, Sandra tiene un punto de partida más favorable para venderle productos.

Sandra ya avanzó mucho en la primera de nuestras etapas de conversión. La vecina de Susana, Juana, tiene muchas más probabilidades de mostrarse receptiva con Sandra, gracias a ese contacto en común (Susana).

Juana incluso puede suponer que Susana le compró productos a Sandra. Aunque Sandra no puede decir eso (porque no sucedió), el hecho es que si Susana estuviera dispuesta a comprar, de hecho le compraría a Sandra.

Si Juana cree que Sandra es el tipo de persona honrada a quien Susana le compraría, es un gran paso para que Juana confíe en Sandra.

LOS CONTACTOS SON MUY IMPORTANTES EN LA VENTA DIRECTA. INDEPENDIENTEMENTE DE CUÁNTAS PERSONAS CONOZCA, CON EL TIEMPO DEBERÁ EXPANDIR SU LISTA DE POSIBLES CLIENTES E INCLUIR A OTRAS QUE NO CONOCE.

EL MODO EN EL QUE IDENTIFIQUE A ESTAS PERSONAS Y HAGA EL PRIMER CONTACTO ES CLAVE. SI PUEDE IDENTIFICARLAS Y PRESENTARSE AL ABRIGO DE UNA RELACIÓN CON ALGUIEN A QUIEN YA CONOCEN, USTED LOGRA UN GRAN PROGRESO HACIA UNA POSIBLE VENTA.

Hemos hecho una enorme tarea para usted y hemos leído la mayoría de los materiales (si no todos) que hay sobre el tema de los contactos.

Si quisiera leer un solo libro sobre ese tema, le recomendamos:

Referrals Now! de Bill Cates (McGraw-Hill, 2004).

Es un excelente libro que trata a los contactos como una ciencia, y explica por qué funcionan y cómo conseguirlos.

98

"Para crear una corriente estable de contactos, debe desarrollar una actitud favorable a ellos. No debe pasar un solo día sin hacer algo para ser más recomendable, sembrar semillas, pedir que le den contactos y enviar regalos de agradecimiento por las recomendaciones. El marketing de contactos debe ser de 'recordación espontánea'".

"Debe decirse contantemente: 'Vendo un producto o servicio de calidad. Vendo un servicio increíble. A las personas les gusto y ellas confían en mí. Merezco conseguir contactos. Mi servicio es tan bueno que las personas quieren recomendarme'".

Referrals Now!

99

ESTOS SON ALGUNOS FRAGMENTOS DESTACADOS DEL LIBRO DE CATES:

1. Es mucho más probable que le venda a un contacto que a un extraño (aunque sea muy buena referencia).

   En un estudio de más de 5,000 posibles clientes, aquellos que se obtuvieron a través de comunicaciones sin previo aviso o a través de otras técnicas para generar clientes potenciales compraron el 11% de las veces, ¡mientras que los obtenidos a través de contactos compraron más del 40% de las veces!

2. El costo por cliente potencial de un contacto es CERO, lo cual es obviamente muy conveniente en comparación con otros mecanismos de obtención de clientes potenciales.

3. Algunas personas son muy hábiles para hacer una venta, pero nunca aprenden a convertir a estos clientes en fuentes de contactos; estas personas desaprovechan MUCHO DINERO.

4. Uno de los mayores obstáculos para la venta eficaz es la tensión que hay entre el vendedor y el comprador. Cuando un posible cliente llega a usted a través de un contacto, la tensión generalmente es baja, si es que existe.

5. Nunca se disculpe por pedir contactos. Mientras más confianza demuestre al pedir, más cómoda se sentirá la otra persona... y más probable será que le dé los contactos que usted desea.

Un especialista (con actitud favorable a los contactos) describe así su enfoque sobre los contactos:

"Yo pido contactos como parte de un servicio a mis clientes. ¡Les doy la oportunidad de que les hablen de mí a sus amigos y colegas, y así los ayuden!"

Gloria Gault Geary

El mensaje que nos llevamos de esta sección es que los contactos son una excelente manera de construir su empresa. Si vende un buen producto y ofrece un estupendo servicio, las demás personas estarán gustosas de recomendarlo a posibles clientes.

En sus primeros 100 días, debe leer todo lo que pueda sobre el tema de los contactos, y experimentar un poco con sus amigos: pídales contactos y observe cómo reaccionan. Con el tiempo, llegará a ser muy hábil para pedir y conseguir contactos, ¡y ello será un gran impulso para su éxito en la venta directa!

BUENO, ES HORA DE DEJAR UN POCO DE LADO EL PROCESO DE VENTA Y COMENZAR A HABLAR DE LAS TÉCNICAS DE NEGOCIOS EMPLEADAS POR LOS EMPRESARIOS EXITOSOS. SUGERIMOS QUE SI LAS PONE EN PRÁCTICA DURANTE SUS PRIMEROS 100 DÍAS, ESTABLECERÁ LAS BASES DE SU EMPRESA PARA EL LARGO PLAZO.

103

Lo maravilloso de los empresarios es que están muy motivados para triunfar. Saben que los resultados de sus esfuerzos los beneficiarán directamente. Por esa razón invierten todo el tiempo y la energía que necesitan para lograrlo: saben que serán los beneficiarios de esa inversión.

La siguiente historia habla de lo que quiero decir y da un ejemplo del enfoque empresarial para los negocios (y para la vida).

104

Hace muchos años, en una lejana región de los Andes, vivían dos tribus enemigas. Una habitaba en las montañas y la otra, en las tierras bajas. Un día, un grupo de montañeses asaltaron una aldea de las tierras bajas y secuestraron a un bebé.

105

Al día siguiente, un grupo de guerreros de las tierras bajas se prepararon para rescatar al niño. Pero no conocían los senderos de las montañas ni sabían escalarlas. A pesar de su gran esfuerzo, solo pudieron subir hasta la mitad. Desalentados, decidieron regresar.

De pronto, para su asombro, vieron a una frágil mujer que bajaba de las montañas con un bebé en brazos.

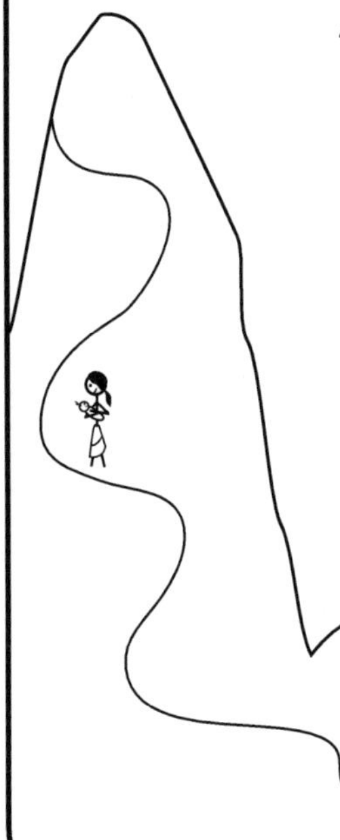

106

Uno de los guerreros se le acercó. Vio que era una mujer de su tribu. Y vio que el niño era el hijo de la mujer.

—¡¿Cómo pudiste escalar las montañas?! ¿Cómo pudiste encontrar y rescatar a tu hijo? Somos guerreros adiestrados. ¡A pesar de todo nuestro esfuerzo, apenas pudimos subir hasta la mitad!

Ella respondió: —No era vuestro bebé.

Esta historia habla del enfoque empresarial.

Aunque recién comience, usted, como empresario, está construyendo algo que puede cambiarle la vida. Si se mantiene en acción en los próximos 100 días… y después, es posible que finalmente tenga una empresa que le dé ingresos, libertad, satisfacción y orgullo.

Considerando que su empresa es "su bebé", debe sentirse motivado para encontrar formas de resolver los contratiempos, de los cuales habrá muchos. Pero, aunque otros abandonen (como los guerreros de las tierras bajas), usted no desistirá.

ESTAMOS A PUNTO DE DARLE NUESTRAS OPINIONES SOBRE LAS CLAVES PARA SER UN EMPRESARIO EXITOSO.

SIN EMBARGO, QUEREMOS MOSTRARLE TODO EL PANORAMA. SER EMPRESARIO NO ES FÁCIL. EN EL PROCESO, HABRÁ MOMENTOS DE DUDA EN LOS QUE SE PREGUNTARÁ POR QUÉ QUISO INICIAR UNA OPERACIÓN EMPRESARIAL Y DEBERÁ ENTRECERRAR LOS OJOS PARA VER LA LUZ AL FINAL DEL TÚNEL.

PERO SU EMPRESA ES "SU BEBÉ" Y QUERER ES PODER. SI MANTIENE SU COMPROMISO, SI CONTINÚA HACIENDO LO CORRECTO, SI SE LEVANTA CADA VEZ QUE SE CAE, ¡TENDRÁ LA OPORTUNIDAD DE HACER QUE "SU BEBÉ" CREZCA Y SE CONVIERTA EN UN ADULTO ALTO, FUERTE Y PRÓSPERO!

Los empresarios necesitan adoptar estas estrategias comerciales:

1. Dado que posiblemente usted comience con escaso apoyo, debe organizarse. Muy probablemente no tenga un asistente, y conviene que sea lo más eficaz posible: eso significa organizarse.

2. Adquiera aptitudes de administración del tiempo. Estos son nuestros dos libros favoritos sobre el tema:

   Getting Things Done: The Art of Stress-Free Productivity, David Allen (Penguin, 2002)

   How to Get Control of Your Time and Life, Alan Lakein (Signet, 1973)

3. Haga **LISTAS DE TAREAS** ... sepa exactamente qué decide lograr cada día. Dé prioridad a lo más importante y resalte esos puntos.

4. Genere rutinas para el día: la vida de un empresario puede ser solitaria. Está solo y a veces se sentirá invisible. Fíjese patrones que le aporten placer y previsibilidad durante el día. Por ejemplo, una caminata diaria, 30 minutos para leer el periódico o un café con un amigo.

5. Promuévase. Esto es difícil para algunas personas. Encuentre formas de contarles a los demás sobre sus éxitos. Las historias de éxitos atraen a la gente.

Y siempre lea todos los días sus declaraciones de POR QUÉ. Estas le recuerdan la razón para hacer lo que está haciendo. Lo ayudarán a permanecer mentalizado cuando se sienta un poco desanimado o solo. Nada de lo bueno es fácil. Manténgase en acción y dé un paso por vez. Antes de que se dé cuenta, ¡lo sorprenderá todo el progreso logrado!

111

Use sus primeros 100 días para adquirir aptitudes de empresario: organización, administración del tiempo, rutinas, listas de tareas y mecanismos de promoción. El tiempo que invierta en estos esfuerzos tendrá sus beneficios en los próximos años.

112

ME PREGUNTO QUÉ ESTÁ HACIENDO ELIZABETH ... VEAMOS.

113

114

Elizabeth está chocando con la pared que casi todos los empresarios nuevos encuentran. Ha tenido una serie de días difíciles y le está costando un poco. Creo que la llamaré.
115

"Hola, Elizabeth. No me conoce, pero la recomendó su prima, Carola. Dijo que le avisaría de mi llamada".
"Sí, Jim. Me avisó. Me dijo que usted es especialista en la puesta en marcha de empresas y que sabe mucho de venta directa. Me alegra que llamara".
116

¡Veamos qué eficaz es esto de los CONTACTOS!

Conozco una mujer llamada Berta que conoce a otra llamada Carola que es prima de Elizabeth. Le pedí a Berta que me presentara a Carola, quien luego me presentó a Elizabeth.

Se dice que todo el mundo está separado de los demás por seis contactos (o grados). Que todo el mundo conoce a alguien que conoce a alguien que conoce a alguien a quien deseas llegar. Yo creo en eso.

117

"Elizabeth, ser empresario es difícil... especialmente en los primeros 100 días. Quizás ha oído hablar de una fuerza llamada inercia. Es una ley física que dice que un objeto inmóvil tiende a permanecer en reposo, a menos y hasta que se le aplique una fuerza externa.

Lo que un empresario intenta hacer es vencer la inercia".

118

"Elizabeth, por su silencio deduzco que no tiene idea de lo que estoy hablando. Debo ser yo... ¡Con frecuencia mi mujer reacciona igual! Permítame intentar otra vez… Está poniendo en marcha una empresa... una nueva dirección en la vida. Está cambiando el modo en el que las personas la perciben. El modo en el que se relacionan con usted. Está cambiando el modo en el que pasa sus días. Está en aguas nuevas. Todo esto asusta y es difícil. Pero esto es lo importante: ASÍ DEBE SER... ASÍ ES PARA TODOS. SI FUERA FÁCIL, ¡TODOS PODRÍAN HACERLO!".

119

"Le agradezco sus palabras, pero tal vez yo no tenga lo necesario para triunfar en este negocio... Quizás me lancé a esto demasiado pronto".

120

"Elizabeth, ¿podría pasar a tomar una taza de té? Muy bien, gracias. Voy para allá".
121

¿Cómo puede ser? ¿Me colgó el teléfono?
TOC TOC
122

"Hola,
Elizabeth...
Soy Jim.
¿Puedo pasar?".
123

"Elizabeth, sé que está dudando de su decisión de entrar a la venta directa. Es normal, especialmente el primer mes o el segundo. Pero es demasiado pronto para evaluaciones. De hecho, yo sugiero que los empresarios nuevos midan su progreso, pero recién después de seis meses. Un mes es demasiado pronto".
"Le agradezco, Jim, pero en mi primer mes en el negocio tengo muy poco para mostrar".
124

"Tal vez tenga muy poco para mostrar en términos de ventas. Pero, ¿qué me dice de su conocimiento del producto y de los sistemas que implementó para ampliar su lista de posibles clientes? ¿Y qué me dice de lo que aprendió sobre contactos, creación de redes de contactos y ventas?".

"Sí, creo que estoy avanzando,... pero nada de eso me pone dinero en el bolsillo".

125

"Elizabeth, si juzga su éxito en los primeros meses por la cantidad de dinero que gana, va a decepcionarse. Está sembrando... creando algo que le dará beneficios durante muchos años. Recién pone las semillas en el suelo... Es demasiado pronto para ver flores hermosas".

"Jim, sé algo de usted. Usted ha sido un empresario exitoso. Tal vez para usted sea difícil entender lo que me pasa".

126

"Bien, Elizabeth, he tenido algunos éxitos, pero como todo empresario, tuve momentos difíciles, dudas, miedos y angustias.

He tenido noches de insomnio, Elizabeth. He puesto en duda mis decisiones muchas veces. Todo eso es natural cuando se intenta crear una empresa por uno mismo.

Elizabeth, lleva 33 días en algo que podría cambiarle la vida. No voy a suavizar la situación... No voy a garantizarle el éxito. Tiene mucho trabajo duro por delante.

Pero 33 días no es suficiente tiempo para evaluarse. Tiene que darse al menos seis meses antes de poder hacer una evaluación realista de lo que está haciendo. Si en ese tiempo determina que su nueva empresa no es para usted, en ese momento podrá hacer cambios.

Elizabeth, si no se da una oportunidad de triunfar, nunca sabrá qué podría haber logrado".

"Agradezco las palabras de aliento, Jim... Perdón por haber insinuado que no había vivido lo que yo sentía".

"Está bien, Elizabeth... Solamente recuerde que lo que está sintiendo es algo que todo empresario nuevo de la venta directa también sintió. ¡No crea que le pasa solamente a usted!"

128

"La capacidad de recuperación es una de las características más valiosas que puede desarrollar en la vida... Por eso, independientemente de cuánto esté trabajando o de cuánta fe tenga, en algún momento va a chocar contra una pared. Una vida exitosa depende del modo en el que sortee esa pared.

La persona exitosa va a atravesar la pared, treparla, rodearla, pasar por debajo; lo que sea necesario para seguir adelante".

Do You!, Russell Simmons
(Gotham, 2008)

129

Hace 20 años que estudio a empresarios... y he identificado diferentes patrones. Muy pocos tienen éxito inmediato. Siguen insistiendo y no se desalientan fácilmente.

130

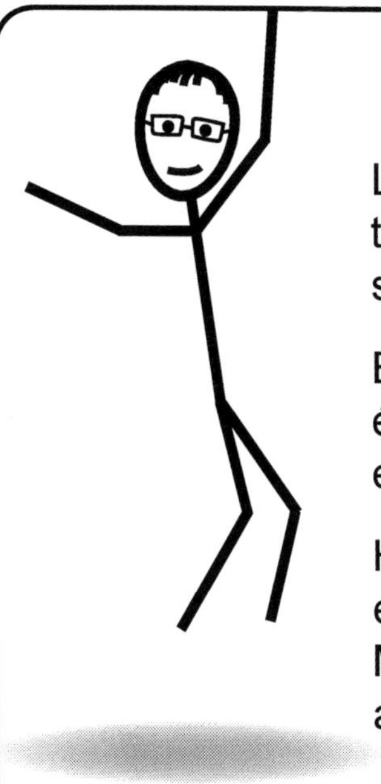

Los buenos empresarios trabajan intensamente en su habilidad para vender.

Entienden que la clave del éxito de toda empresa está en las ventas.

He aprendido mucho de excelentes vendedores. Me gustaría transmitirle algo de ese aprendizaje.

131

LA FORMA MÁS IMPORTANTE DE VENDER ES APRENDER A PENSAR COMO UN COMPRADOR. INDEPENDIENTEMENTE DE LO PULIDO QUE SEA SU ARGUMENTO DE VENTA, DE LO BIEN QUE HABLE, DE LO ENCANTADOR QUE USTED SEA O DE CUÁN FANTÁSTICO SEA SU PRODUCTO, SI LA IDEA DE TENER SU PRODUCTO NO IMPACTA EN EL PUNTO CRÍTICO DE SU POSIBLE COMPRADOR, NADA DEL RESTO TIENE SENTIDO.

PARA SER BUEN VENDEDOR, DEBE PENSAR COMO COMPRADOR.

132

Para entender al comprador, debe escuchar. Por eso muchos especialistas detestan la expresión "argumento de venta" o "presentación". Consideran que el término apropiado es "conversación" porque significa un intercambio de dos partes.

Demasiados vendedores se involucran tanto en lo que dicen que no prestan suficiente atención a lo que el posible cliente dice. Ese es un inmenso error porque si escucha atentamente al posible cliente, generalmente encontrará un mapa de lo que hay en su mente.

¿Desea ser un buen vendedor? ¡Aprenda a ser un buen oyente!

133

"Hay más poder en escuchar que en hablar. De hecho, escuchar puede ser la aptitud clave de una persona exitosa".

The Corporate Mystic, Hendricks y Ludeman (Signet, 1999)

Si desea saber más sobre la importancia de escuchar, visite la biblioteca y lea el capítulo 12 de uno de los más famosos libros de autosuperación jamás escritos, **How to Win Friends and Influence People,** escrito en 1936 por Dale Carnegie. Este capítulo, llamado "Sea un buen oyente" señala que a menudo la forma más fácil y más eficaz de convencer a alguien es ESCUCHAR LO QUE ESA PERSONA ESTÁ DICIENDO. ¿En serio...?

En su libro, Carnegie habla del poder de los buenos oyentes.

Sigmund Freud, el mundialmente famoso psicólogo, era un muy buen oyente. Alguien describía así cómo era hablar con Freud:

"Nunca había visto una atención con tanta concentración. No había en ella nada de esa 'mirada que penetra el alma'. Tenía una mirada suave y cordial. Tenía una voz baja y amable. Gesticulaba poco. Pero la atención que me prestaba, el valor que daba a lo que yo decía... eran extraordinarios. Ser escuchado de esa manera tenía para mí un significado inimaginable".

Cuando escuchas para poder ver el mundo desde el punto de vista del comprador, comienzas a comprender un punto clave de la venta:

LAS PERSONAS COMPRAN PARA SATISFACER UN DESEO O UNA NECESIDAD EMOCIONALES.

138

"Las personas no compran con lógica. Compran a partir de sentimientos, y luego justifican sus compras con la lógica".

Tom Hopkins, reconocido especialista en venta

139

Al hablar con la especialista en venta directa Nicki Keohohou (directora general y fundadora de la Alianza de Mujeres en Venta Directa), conocimos la diferencia entre escuchar "internamente" y escuchar "desde el corazón" ("heart-centered" listening).

Nicki distingue entre las personas que escuchan solamente con la mente... y aquellas que escuchan con el corazón. Las primeras siempre están pensando cómo solucionar el problema de la persona que está hablando ("suponen que esa persona tiene un problema", explica Nicki), mientras que las segundas se involucran con la persona que está hablando, e intentan comprender sus sentimientos y necesidades.

Nicki considera que si se practica para poder escuchar "desde el corazón", se llega a ser un vendedor mucho mejor porque se **involucra** con el posible cliente en un nivel más profundo que la persona que escucha solamente con los oídos.

ESCUCHAR INTERNAMENTE	ESCUCHAR DESDE EL CORAZÓN
Centrados en nosotros soluciones mismos, esperando nuestro turno para hablar	Centrados en la persona que habla; todo lo demás se aparta de la mente
Escuchando nuestra propia voz interior	Escuchamos las palabras de la otra persona y su significado
Juzgando, opinando	Entendemos los sentimientos y necesidades del otro
Esperando impacientemente a que la otra persona termine de hablar	El cuerpo expresa interés a través del contacto visual, la concentración, etc.
Interpretando desde nuestra propia experiencia y perspectivas	Escuchamos independientemente de nuestra experiencia y perspectivas
Buscando soluciones, consejos, cómo solucionar el problema	Confiamos en que el otro podrá encontrar soluciones cuando encuentre sus propias respuestas
No genera una comunicación o conexión reales	Genera confianza, conexión y aceptación

(Gracias a Nicki por compartir este cuadro con nosotros.)

Muy bien, entonces, ¿cuáles son algunos de los sentimientos que llevan a las personas a hacer compras?

Dicha
Amor
Asombro
Ilusión
Miedo
Sorpresa
Entusiasmo

La meta de un vendedor es encontrar el punto sensible del cliente, el lugar donde reaccionará a partir de los sentimientos generados por un producto o servicio.

Los buenos vendedores adaptan la conversación de venta para abordar un deseo o una necesidad emocionales. ¿Su producto hará que su cliente se sienta más joven y, en consecuencia, dichoso? ¿Su producto hará que un cliente sea más atractivo al sexo opuesto y encienda sentimientos de amor e ilusión? ¿Su producto hará que su cliente despierte asombro en otras personas?

Los sentimientos negativos también pueden tocarse. ¿Su producto reducirá el miedo o la decepción de su cliente?

143

Al escuchar con atención a un posible comprador, al observarle el lenguaje corporal, al pensar como el comprador, usted comienza a tener una idea de lo que motiva al posible cliente para comprar. Finalmente, identificará qué sentimientos debe involucrar para despertar el interés del posible cliente.

Los buenos vendedores saben que al entender a la otra persona, se mejoran las oportunidades de éxito de una conversación.

144

"Primero, esfuércese por entender".

The Seven Habits of Highly Effective People, Stephen R. Covey (Free Press, 2004)

"Mi objetivo de venta es ayudar a las personas a lograr las agradables sensaciones que desean tener sobre lo que compraron y sobre sí mismos".

The One Minute Sales Person, Johnson y Wilson (William Morrow, 1984)

145

¿Le parece manipulador eso de intentar tocar los sentimientos de una persona cuando se le vende un producto?

¿A veces siente que está exigiéndole algo a personas que en realidad no necesitan o no pueden comprar un producto?

146

LA ÉTICA DE LAS VENTAS

Algunas personas consideran que los vendedores son personas que presionan al cliente, que hablan rápido y que no tienen ética. Pero, desde nuestro punto de vista, eso rara vez es cierto.

Las ventas tienen que ver con convencer a una persona de que va a estar mejor con un producto que con el dinero en el bolsillo. Los buenos vendedores no presionan para vender algo que en realidad no va a beneficiar a la persona... o que la persona no puede permitirse. Los buenos vendedores quieren permanecer en el negocio durante mucho tiempo, y saben que finalmente su éxito depende de un universo de clientes satisfechos y felices.

En sus primeros 100 días, tal vez se sienta presionado para vender. O para justificar ante su familia y amigos su decisión de ingresar a la venta directa. Y deseará lograr la propia aceptación de su decisión.

Pero, a pesar de las presiones que sienta, nunca debe renunciar a su sentido de integridad y decencia. Trate a cada posible cliente como trataría a cualquier familiar o amigo. Simplemente siga la regla de oro. No tiene nada de malo presentar a otras personas un excelente producto y sugerirles en qué puede ayudarlas. Simplemente hágalo con consideración, honestidad y paciencia... ¡y le irá bien!

Durante sus primeros 100 días, no se aferre solamente a su sentido de integridad, **¡sino también a su sentido del humor!**!

Como lo hemos mencionado en todo el libro, es probable que los primeros meses pase por pruebas. Es casi seguro que habrá frustraciones y contratiempos.

Deberá aprender a persistir y perseverar a pesar de los contratiempos.

¡La persistencia es muy poderosa!
¡Nadie falla nunca hasta que deja de intentar!

"El 90% de la razón de mi éxito es simplemente que sigo apareciendo".

Woody Allen

POR QUÉ LA PERSISTENCIA ES EFICAZ

La persistencia no es una mera teoría sobre "sentirse bien". Hay razones por las cuales la persistencia es eficaz:

1. Mientras más tiempo trabaje en algo, más capaz será de hacerlo. Con el tiempo, sus conversaciones de venta mejorarán. Su capacidad para determinar qué busca realmente un posible cliente y cómo adaptar su discurso mejorará cada vez más.

2. Mientras más tiempo trabaje en algo, más personas impactará. En el primer encuentro con un posible cliente, tal vez este se interese en el producto, pero no lo compre. Sin embargo, ¿qué le parece si la próxima vez que lo visite le dice algo como lo siguiente? "Hola, María. Desde la última vez que nos vimos, vendí muchos productos y tengo muchos clientes felices... Me parece que podría interesarle saber cómo estos productos están ayudando a otras personas".

3. Mientras más tiempo trabaje en algo, más oportunidades tendrá de llevar su negocio al siguiente nivel. Si trabaja (como yo) con la suposición de que todos tenemos una serie de excelentes oportunidades en la vida, entenderá que, a menos que esté "en el negocio" todo el tiempo, esas oportunidades pasarán de largo mientras usted duerme. En otras palabras, mientras más tiempo trabaje en algo, más probabilidades tendrá de que le lluevan increíbles oportunidades.

4. Mientras más tiempo trabaje en algo, más cifras comienzan a trabajar a su favor. Como ya se mencionó, las ventas son una lotería. Con el tiempo, sus posibles clientes crecerán de manera exponencial mientras hace felices a sus clientes. Al principio, y muy probablemente en sus primeros 100 días, será difícil discernir cuánto progresa en esta lotería. Pero si hace felices a sus clientes, ellos hablarán. Y una persona le comentará a otra que le contará a otra, y así sucesivamente.

Al entender y aceptar que sus primeros 100 días serán difíciles, se protege contra cualquier cosa que suceda. Ha preparado la mente para las posibles frustraciones y contratiempos de toda nueva empresa. Está alerta y listo para los vientos desfavorables. Es más capaz de persistir y activar la creatividad si es necesario.

151

Hay un refrán latino que dice:

PRAEMONITUS PRAEMUNITUS.

¿Adivina qué significa?

Significa **HOMBRE PREVENIDO VALE POR DOS**.

A usted ya se le previno: los primeros 100 días pueden ser difíciles. Por lo tanto, ya está armado y preparado.

152

Por el simple hecho de haber leído este libro, usted ha aumentado las probabilidades de tener éxito en su empresa de venta directa, no solo en los primeros 100 días, por supuesto, sino en los próximos años.

POR ESO, ¡FELICITACIONES!... ¡USTED YA HA AVANZADO!

VEAMOS QUÉ HACE ELIZABETH

"¿Qué está leyendo, Elizabeth?".
"Un libro llamado **The Skinny on venta directa: sus primeros 100 días**".
155

"¿Y?".
156

"Todavía no lo terminé... Voy por el panel 157, pero debo decir que me identifico con muchas de las experiencias que tuve en mis primeros 100 días en el negocio. Ojalá hubiera tenido este libro en esa época... Me habría facilitado mucho el proceso".

157

"Ojalá tu proceso hubiera sido algo más fácil para ti..., pero me alegra mucho que hayas perseverado... independientemente de cómo lo hayas hecho".

158

159

Estoy feliz de informar que Elizabeth perseveró sus primeros 100 días y más aún. Ahora está en la mitad de su segundo año en el negocio y, como pudo verse, fue capaz de pagar las vacaciones en familia para ella, Guillermo y los niños.

¡Estoy feliz por Elizabeth!

160

De hecho, Elizabeth me llamó recientemente y me sugirió que hiciera un resumen del libro para recapitular los diez principales aspectos que una persona que está en la venta directa debe saber en sus primeros 100 días… Así que aquí presento mi resumen.

Pero, antes de irme, permítame decirle que espero que encuentre el deseo y la voluntad de superar los próximos 100 días. No le diré que la venta directa es para todo el mundo, y tal vez usted finalmente llegue a la conclusión de que no es para usted. Pero sí creo que solamente después de hacer todo su esfuerzo durante un período mínimo puede tomar una buena decisión sobre el futuro... ¡Y que ese período es de más de 100 días!

¡¡BUENA SUERTE Y LOS MEJORES DESEOS DE TODOS LOS QUE HACEMOS ***SKINNY ON BOOKS***!!

LOS DIEZ MEJORES CONSEJOS PARA LOS PRIMEROS 100 DÍAS EN LA VENTA DIRECTA

#1: Escriba POR QUÉ desea trabajar en la venta directa. Lea todos los días sus declaraciones de POR QUÉ, tal vez unos minutos por día. Al permanecer mentalizado en SUS METAS, fortalece su determinación de afrontar el desafío de sus primeros 100 días.

#2: Recuerde que no es fácil ser empresario. Está creando una empresa que puede darle la flexibilidad y la libertad de vivir la vida que desea.

Sea profesional en el enfoque que le dé a su nueva carrera. Asegúrese de entender todo el material escrito de su compañía. Lea libros sobre los aspectos básicos de llevar adelante su propia empresa.

La buena noticia es que no tiene ningún jefe, excepto usted mismo. Si no le satisfacen sus ingresos, mírese en el espejo y quéjese ante la persona que allí ve.

#3: Al prepararse para el desafío futuro, se protege contra los contratatiempos. Al saber que habrá decepciones en los primeros 100 días, su mente está preparada.

Cuando lleguen las decepciones, en lugar de decir "¡OH, NO! ¡OH, NO!", su mente dirá "¡AJÁ! ¡Las estaba esperando... No sabía cómo aparecerían, pero sabía que finalmente surgirían. ¡Encontraré una forma de superarlas!".

165

#4: Sea realista con los objetivos para los primeros 100 días. Las mediciones que se fije no deben estar vinculadas con las ventas, sino con las relaciones que establece y las bases que crea para su éxito futuro.

Estos son algunos objetivos a los que puede aspirar en sus primeros 100 días: conocer los productos, pulir su conversación de venta, crear una hoja de cálculo para los contactos y seguimientos, hacer listas de posibles clientes, organizar fiestas y eventos de lanzamiento, comunicar a amigos y familiares qué está haciendo y pedirles ayuda, idear objetos "para llevar" capaces de romper el hielo con los desconocidos. Y así sucesivamente.

166

#5: Pida contactos. Aunque no haga ni una venta en sus primeros 100 días, puede forjarse un futuro si desarrolla la capacidad de pedir contactos. Recuerde todas las razones por las que los contactos son eficaces: reducción de tensión en las ventas, bajo (ningún) costo de conseguir un cliente potencial y mayores índices de conversión.

167

#6: Dígase todos los días que debe tener paciencia. Muchas personas arrojan la toalla en los primeros meses de venta directa porque tienen un cronograma de trabajo inadecuado. Aparte de las personas dispuestas a apoyar su nueva empresa, la mayoría necesita convencerse gradualmente para probar un producto o servicio nuevo. Si acelera ese ritmo, si olvida las etapas de conversión, puede ser abrumador y parecer ansioso, y así perder un buen cliente.

168

#7: Invierta todo el tiempo posible de sus primeros 100 días en capacitarse. Los buenos vendedores no nacen. Adquieren sus aptitudes de venta con el tiempo. Aprenden a escuchar (piense en Freud) y llegan a los sentimientos de las personas con sus comentarios. Lea todo lo que pueda. Asista a seminarios. Hable con vendedores exitosos y pídales orientación. No necesita volver a inventar la rueda. Aprenda de aquellas personas que ya tuvieron éxito en la venta directa.

169

#8: Únase a toda asociación, organización y club que pueda. Mientras más amplia sea su red (sus conocidos), más probabilidades de éxito tendrá.

Recordatorio (por décima vez): las ventas son una lotería. Mientras más personas contacte, más compradores tendrá.

170

#9: ¡Sea más que eficiente! El mundo está lleno de personas que prometen de más y cumplen de menos. Sea todo lo contrario... sea discreto al prometer y exagerado al cumplir. En toda oportunidad que en sus primeros 100 días tenga de lucirse con el servicio al cliente y el seguimiento, hágalo. ¡Dé a las personas una razón para que comiencen a hablar de usted! Le sorprenderá con qué velocidad una persona le comenta a otra que le cuenta a otra, y así sucesivamente. El poder de ser más que eficiente no puede sobrevalorarse.

171

#10: Comprométase a tratar a las personas con honestidad y sea sensible a sus situaciones. Posiblemente encuentre personas que desearían comprarle, pero cuya situación económica no se los permite. No las presione. No convenza a las personas de comprarle un producto si no se beneficiarán al usarlo o adquirirlo. Aunque tal vez sienta la presión de hacer ventas en sus primeros 100 días, respete las normas éticas que se fijó. A la larga, siempre puede ganar dinero. Pero nunca puede reparar el daño que puede hacer si no actúa según el 100% de honestidad.

172

CONCLUSIÓN

Con esto finaliza nuestro libro **Skinny**. Esperamos que lo haya disfrutado. Como con nuestros otros libros, nos complacería recibir sus comentarios.

Cuéntenos qué opina.

jrandel@theskinnyon.com

Mis mejores deseos,

Jim Randel

BIBLIOGRAFÍA

A to Z of Direct Selling, Andrew Nelson (Author House, 2004)

Believe, Nicki Keohohou (CD)

Build it Big: Insider Secrets from Direct Selling Experts, DSWA (Dearborn, 2005)

Direct Selling in the United States (Direct Selling Education Assn., 1995)

Don't Worry, Make Money, Richard Carlson (Hyperion, 1997)

Getting Things Done, David Allen (Penguin, 2001)

Home-Based Business... Is it for Me? (ndsu.edu)

Making Millions in Direct Sales, Michael Malaghan (McGraw-Hill, 2005)

The First 90 Days: Critical Success Strategies, Michael Watkins (Harvard Press, 2003)

The Seven Habits of Highly Effective People, Stephen R. Covey (Free Press, 2004)

Time Power, Brian Tracy (Amacon, 2007)

Referrals Now!, Bill Cates (McGraw-Hill, 2004)

The Greatest Networker in the World, John Milton Fogg (Three River Press, 1997)

The One Minute Entrepreneur, Blanchard and Huston (Broadway, 2008)

The One Minute Sales Person, Johnson and Wilson (William Morrow, 1984)

Ultimate Guide to Direct Selling, Phelps (Advantage Media, 2008)

¡Eh! ... Encuentre en
the skinny on™
las lecciones de vida
más importantes

Recuerde

visitar theskinnyon.com y unirse a la comunidad The Skinny On™ para:

- Recibir actualizaciones de su libro, gratis y por Internet
- Registrarse para recibir el boletín informativo de **The Skinny On™**
- Conocer los próximos temas y sugerir áreas de investigación para títulos nuevos
- Leer fragmentos de cualquiera de los libros de **The Skinny On™**
- Comprar otros títulos de la serie **The Skinny On™**
- Saber cómo escribir para **The Skinny On™**!

Encuéntrenos en:

www.theskinnyon.com